BEI GRIN MACHT SICH IHR WISSEN BEZAHLT

- Wir veröffentlichen Ihre Hausarbeit,
  Bachelor- und Masterarbeit

- Ihr eigenes eBook und Buch -
  weltweit in allen wichtigen Shops

- Verdienen Sie an jedem Verkauf

Jetzt bei www.GRIN.com hochladen und kostenlos publizieren

Führungskräfte in visuellen Teams. Kriterien für eine erfolgreiche Personalführung

Lisa Ewerling

GRIN

Bibliografische Information der Deutschen Nationalbibliothek:

Die Deutsche Nationalbibliothek verzeichnet diese Publikation in der Deutschen Nationalbibliografie; detaillierte bibliografische Daten sind im Internet über http://dnb.d-nb.de abrufbar.

ISBN: 9783346306739
Dieses Buch ist auch als E-Book erhältlich.

© GRIN Publishing GmbH
Nymphenburger Straße 86
80636 München

Druck und Bindung: Books on Demand GmbH, Norderstedt Germany
Gedruckt auf säurefreiem Papier aus verantwortungsvollen Quellen

Das Buch bei GRIN: https://www.grin.com/document/957968

Einsendeaufgaben

Alternative A

Abgegeben am 05.02.2020

SRH Fernhochschule

Modul: Kommunikation und Führung

Studiengang: Wirtschaftspsychologie

Von

Lisa Ewerling

Studiengang: Wirtschaftspsychologie

Aufgabe A1 visuelles Team

Unter einem Team wird eine Gruppe von Menschen verstanden, welche ein gemeinsames Ziel verfolgen. Teams sind dadurch gekennzeichnet, dass sie sich einen Arbeitsansatz teilen und leistungsorientiert arbeiten. Die Teammitgliederinnen besitzen Fähigkeiten und Kompetenzen, welche sich ergänzen und teilen sich die Verantwortung für die gemeinsam erarbeiteten Ergebnisse. (Prof. Dr. Arenberg, 2016)

Eine allgemeingültige Definition von visuellen Teams liegt in der aktuellen Fachliteratur nicht vor. Allerdings sind Gemeinsamkeiten zwischen real Teams und visuellen Teams vorhanden, welche in vielen Definitionen enthalten sind. Dies wäre zum einen, dass die Teammitgliederinnen eines visuellen Teams in räumlicher Distanz zueinander arbeiten. Häufig auch aufgrund der Zeitverschiebung in den unterschiedlichen Ländern, arbeitet ein visuelles Team nicht in feststehenden Zeiten zusammen. Der Fokus in einem visuellen Team ist sehr Aufgabenorientiert. Da jede(r) Mitarbeiterin stärker die Verantwortung für die eigenen Aufgaben übernimmt, als es in einem realen Team der Fall ist, herrschen wenige Hierarchieebenen. (ebd., 20016)

Definition eines visuellen Teams:

Ein visuelles Team ist eine immer zunehmender aktuelle Erscheinung, welche durch Globalisierung und die gewünschte Flexibilisierung der Arbeitnehmerinnen geprägt ist. Unternehmen versuchen durch den Einsatz visueller Teams geographisch verteilte Ressourcen möglichst komprimiert für sich zu nutzen. Als Vorteile visueller Teams sind sowohl die niedrigen Lohnkosten, welche oft im Ausland vorhanden sind, als auch die gut qualifizierten Arbeitsgruppen zu nennen. (Köppel, 2007)

Visuelle Teams sind für die Expansion des Unternehmens im Ausland hilfreich. Als weiterer Grund ist die Kundennähe bei Tätigkeiten, welche sich am Markt orientieren. Mitarbeiterinnen vor Ort schaffen bei Kundinnen in der Regel mehr Vertrauen. Durch den Einbezug der global verteilten Entwicklung und der Produktion spielen sowohl Prozessorientierungen als auch der Einbezug der lokalen Mitarbeiterinnen und Partnerinnen eine große Rolle. Die Verantwortlichen rekrutieren sich aus den Verantwortlichen der verschiedenen Teams. (ebd., 2007)

Eine ausgeprägte Feedbackkultur ist in jedem Unternehmen wichtig. Alleedings kann diese oft durch die räumliche Trennung in Vergessenheit geraten. Daher ist es besonders in visuellen Teams wichtig, sich untereinander regelmäßiges Feedback zu geben. Dies gilt sowohl für die MitarbeiterInnen untereinander als für die Führungsperson. Die Verantwortlichkeit der einzelnen TeammitgliederInnen sollte genau festgelegt werden, so dass jede/r die zu erledigenden Aufgaben kennt. Unklarheiten über die Aufgabenverteilung führt dazu, dass sich die Arbeit im visuellen Team verlangsamt. Alle MitgliederInnen sollten untereinander so vernetzt sein, dass sie genau wissen, wie und wann sie andere MitarbeiterInnen erreichen können. Des Weiteren sind feststehende wöchentliche oder monatliche Termine wichtig, bei denen sich das gesamte visuelle Team trifft. Dies hilft dabei die Arbeit zu strukturieren. (Becker, 2016)

Auswahl der richtigen MitarbeiterInnen:

Es liegt in der Verantwortung der Führungskräfte die richtigen MitarbeiterInnen für ein visuelles Team zu finden, denn nicht jede/r ist für die Arbeit in einem visuellen Team gleichermaßen geeignet. Für die Mitarbeit in einem solchen Team ist ein ausgeprägtes Wissen und Affinität im digitalen Bereich als Grundvoraussetzung anzusehen. Es ist unabdingbar in einem solchen Team, sich mit Webkonferenzen und Projektmanagement-Tools auseinanderzusetzen. Daher sollten MitarbeiterInnen für ein visuelles Team ausgewählt werden, welche diese Voraussetzung erfüllen. (ebd., 2016)

Höhere Verantwortlichkeit des Einzelnen:

Des Weiteren müssen Führungskräfte in einem visuellen Team in höherem Maße dafür Sorge tragen, dass die Technik einwandfrei und zu jeder Zeit funktioniert, denn die MitarbeiterInnen sind auf die funktionierende Technik und die digitale Kommunikation weitaus mehr angewiesen, als MitarbeiterInnen in einem normalen Team. Gibt es in diesem Bereich häufig Schwierigkeiten, so dass die Kommunikation innerhalb des Teams eingeschränkt ist, führt dies zu Frustration und Ärger unter den MitarbeiterInnen. (Harramach, et. al., 2019)

Klare Regeln und Vorschriften:

Führungskräfte eines visuellen Teams sind dazu angehalten klare Regeln, Absprachen und Ziele zu vereinbaren. Termine, Deadlines und Absprachen müssen unbedingt schriftlich und für die betreffenden Personen zur Einsicht festgehalten werden, da diese nicht spontan besprochen werden können, wie es oft in einem normalen Team der Fall ist. (Becker, 2016) Bei TeammitgliederInnen welche einen unterschiedlichen kulturellen Hintergrund haben, kann bereits die Festlegung der Ziele zu Schwierigkeiten führen. Daher sind klare Absprachen innerhalb des Teams besonders wichtig. Andernfalls besteht die Gefahr, dass MitarbeiterInnen Zusagen geben, die sie später nicht einhalten wollen oder können. Eine Sensibilisierung der Führungskräfte und MitarbeiterInnen für die unterschiedlichen, kulturellen Bedingungen sowie Unterschiede in der Bedeutung von Beziehungen in interkulturell zusammengesetzte Teams ist unumgänglich und sehr wichtig, um erfolgreich zusammenarbeiten zu können und, um die Handlungskompetenz im interkulturellen Arbeitskontext gewährleisten zu können. (ebd., 2019)

Mögliche Herausforderungen:

Vertrauen:

Das gegenseitige Vertrauen entwickelt sich in Teams über gemeinsame Erfahrungen, erreichte Ziele und persönliche Kontakte. Kommunikation spielt dabei eine herausragende Rolle. In visuellen Teams herrscht allerdings oftmals nur eine eingeschränkte Kommunikation, welche in der Regel über Telefonate oder E-Mails stattfindet. Durch diese Art zu kommunizieren gehen para-verbale Signale verloren. (Arenberg, 2016)

Bei para-verbalen Signalen geht es um die Art und Weise wie gesprochen wird. Beispielsweise die Stimmlage, der Tonfall oder Schweigen. Dies ist kulturell geprägt und unterschiedlich. (Watzlawick et. al., 2000) Dies erschwert nach Arenberg (2016) den Prozess der Vertrauensbildung.

Eigenverantwortlichkeit der MitarbeiterInnen:

Führungskräfte müssen ihren MitarbeiterInnen in einem visuellen Team deutlich mehr Vertrauen entgegenbringen. Menschen, welche in einem visuellen Team arbeiten, müssen in höherem Maße eigenverantwortlich und selbstständig arbeiten, als MitarbeiterInnen in einem normalen Team. Sie entscheiden ihre Arbeitszeiten und den Ablauf der Arbeit im Home- Office größtenteils selbst. Daher ist das Vertrauen besonders dann, wenn MitarbeiterInnen von unterschiedlichen Orten aus arbeiten unabdingbar. (Harramach, et. al., 2019)

Gleiche Zielvorstellungen:

Um gemeinsam die Ziele des Unternehmens zu verfolgen ist es wichtig, dass alle MitarbeiterInnen an den unterschiedlichen Standorten die gleichen Ansätze verfolgen. Damit ist gemeint, dass Projekte zielorientiert angegangen werden müssen. Hierfür wird eine gewisse Analytik genutzt. Es ist sehr hilfreich und zielführend, wenn alle MitarbeiterInnen des Unternehmens, egal wo auf der Welt sie sich befinden, das gleiche Verständnis von Prozesssteuerung haben. Ist die gleiche Ausgangsbasis vorhanden, werden die eigenen Aufgaben der einzelnen MitarbeiterInnen klarer und jede(r) weiß, wie es zu funktionieren hat. Die Umsetzung kann dabei allerdings von Kulturkreis zu Kulturkreis unterschiedlich sein. Werden die Ziele oder die Prozesssteuerung nicht ausreichend kommuniziert oder werden an den einzelnen Standorten nicht gleichermaßen aufgefasst und somit umgesetzt, kann es zu Konflikten innerhalb eines Teams kommen. Deshalb ist eine gewisse Standardisierung von Prozessen und (Teil-) Produkten von großer Bedeutung. Ohne diese kann eine erfolgreiche interkulturelle und globale Zusammenarbeit kaum stattfinden. Oft werden solche Standards wie der Grad der Verbindlichkeit oder die Bedeutung kulturell oder lokal unterschiedlich eingeschätzt. Infolgedessen werden dann die Ergebnisse der Arbeiten auch unterschiedlich bewertet. Um Konflikte zu vermeiden ist es auch hier wichtig, eine enge und offene Kommunikation innerhalb des Teams aufzubauen. (ebd., 2019)

Transparente und offene Kommunikation:

In visuellen Teams ist eine transparente und offene Kommunikation besonders wichtig. Diese verläuft nicht wie in einem normalen Team, in dem alle MitgliederInnen in einem Büro oder Gebäude zusammen sitzen, durch persönliche Gespräche, sondern durch Medien wie E-Mail, Chats, Videokonferenzen und das Smartphone. Menschen, die in einem visuellen Team arbeiten, sollten Freude

6

daran haben, sich mithilfe dieser Medien mit ihren KollegInnen an den anderen Standorten auszutauschen. MitliederInnen eines visuellen Teams haben dadurch, dass sie keinen direkten und persönlichen AnsprechpartnerInnen in der Nähe haben, häufig mit Einsamkeit zu kämpfen. Um das Gefühl der Isolation und der Einsamkeit zu vermeiden, ist es wichtig, dass alle TeammitgliederInnen viel miteinander kommunizieren. Denn je weniger kommuniziert wird, desto größer werden die Missverständnisse und Schwierigkeiten. Oft werden dann an den einzelnen Standorten nicht die selben Ziele verfolgt, oder Dinge vorangetrieben, welche nicht mit den obersten Zielen des Unternehmens übereinstimmen. Durch die fehlende Kommunikation wird das oft gar nicht bemerkt. (Becker, 2016)

Teambildung:

Gelegentliche persönliche Meetings können sehr nützlich sein, um Gefühle der Isolation zu vermeiden und Teambuilding zu ermöglichen. Des Weiteren bauen solche Treffen auch gegenseitiges Vertrauen auf. Denn es fällt Menschen grundsätzlich leichter, Vertrauen in eine Person zu fassen, deren Gesicht bekannt ist und das man zuordnen kann. Weniger Vertrauen kann hingegen gefasst werden, wenn lediglich der Kontakt in einer E-Mail Liste erscheint und somit der Anonymität unterliegt. Um den Grundstein für das Vertrauen innerhalb des Teams zu legen, sollte zu Beginn eines Projektes ein sogenanntes Kick-Off Meeting stattfinden, bei dem sich die TeammitgliederInnen untereinander kennenlernen können. Solche gemeinsamen Teamevents, sind mitunter kosten- und zeitintensiv, besonders dann, wenn die unterschiedlichen MitarbeiterInnen aus unterschiedlichen Ländern zusammengeführt werden müssen. Dennoch lohnen sich solche Events, denn gemeinsame Aktivitäten stärken den Zusammenhalt, das Vertrauen und das Teamgefühl. Sobald das Vertrauen innerhalb des Teams ausgebaut ist, funktioniert die Kommunikation auch über eine große räumliche Entfernung gut. (ebd., 2016) Der Prozess des Vertrauensaufbaus hängt allerdings auch von der kulturellen Situation eines Menschen ab. In manchen Kulturen entsteht Vertrauen durch sachlich korrekte Ausführung der Arbeit. Es ist üblich, zu Beginn der Arbeit einen Vertrauensvorschuss zu leisten, damit das Projekt starten kann. Bis Erfolge in der Zusammenarbeit erreicht werden, kann in kollektivistischen Gesellschaften viel Zeit vergehen, da Vertrauen nur über persönliche Beziehungen aufgebaut wird. In Bezug auf die Kommunikation zwischen den MitarbeiterInnen und deren Arbeitsweise wird festgelegt, welche Aufgaben erledigt werden müssen, um die gesetzten Ziele zu erreichen und auf welche Art und Weise miteinander kommuniziert werden soll. (Harramach, et. al., 2019)

Trennung von Berufs- und Privatleben:

Durch die ständige Verfügbarkeit und Erreichbarkeit stehen Personen, welche in einem visuellen Team arbeiten, vermehrt unter Druck. Daher ist es besonders wichtig, das berufliche und das private Leben voneinander abzutrennen. Auch hier ist eine klare Vertretung der Grenzen wichtig. Alle Teammitglieder sollten darüber informiert sein, wie und wann sie KollegInnen und Vorgesetzte erreichen können. Zu beachten ist bei interkulturell zusammengesetzten Teams auch die Zeitverschiebung an den unterschiedlichen Standorten. (ebd., 2019) Die Führungskräfte müssen als Entscheidungsträger sicherstellen, dass sie über ausreichende und wichtige Informationen verfügen. Dies stellt in visuellen Teams eine Herausforderung dar. Denn gerade über die Distanz müssen Chefs auch Informationen zwischen den Zeilen lesen und richtig deuten können. Je unterschiedlicher die kulturellen Bedingungen sind, desto schwieriger ist es, diese Informationen über E-Mail und Telefon zu bekommen und richtig zu interpretieren. (Becker, 2016)

Um diesen Herausforderungen entgegenzuwirken benötigt es neue Kommunikationswege. Nur mit modernsten Kommunikationsmedien kann eine gute Kommunikation in visuellen Teams gelingen. Auf der anderen Seite müssen MitarbeiterInnen in visuellen Teams lernen, mit diesen neuen Kommunikationswerkzeugen sicher umzugehen und sie sowohl richtig einzusetzen als auch zu interpretieren. Das bedeutet, dass diese neuen Medien und technischen Möglichkeiten an die spezifischen Situationen der MitarbeiterInnen und des Unternehmens angepasst werden müssen. (ebd., 2016)

Zusammenfassung:

Als Führungskraft einen Teams ist es wichtig gewisse Schlüsselkompetenzen zu besitzen. Es ist es wichtig, sich den gegebenen Bedingungen vor Ort immer wieder neu anzupassen. In den meisten Situationen bedeutet das, aktiv, mutiger, aber auch zugleich sensibler zu kommunizieren. Besonders das eigene Schriftsprachliche Geschick nimmt einen viel größeren Raum ein, als in einem normalen Team. Eine offene und transparente Kommunikation innerhalb des Teams ist ebenso wichtig wie eine klar strukturierte Prozesssteuerung. Des Weiteren ist eine hohe Bereitschaft den MitarbeiterInnen Vertrauen entgegen-zubringen und eine niedriges Kontrollbedürfnis eine wichtige Eigenschaft einer Führungskraft in visuellen Teams. Führungskräfte stellen Modelle für neue Ar-beitsformen dar und sind zugleich AnleiterInnen, um sicherzustellen, dass das Team ausreichend in Kontakt miteinander tritt und die Beziehungen untereinan-der auch pflegen. Klare Regeln und Absprachen, welche schriftlich festgehalten werden, müssen stetig offen und transparent kommuniziert werden, damit ein Bewusstsein für die gemeinsamen Aufgaben und Ziele für alle MitarbeiterInnen deutlich sichtbar wird. Führungskräfte haben auch dafür Sorge zu tragen, dass das Team von der Heterogenität, welche unter den TeammitgliederInnen ent-steht, profitiert. Das eigene Handeln wird durch Reflexion und Metakommunika-tion immer wieder geprüft und angepasst. Dadurch gelingt es allen Beteiligten die Kompetenzen beständig auszubauen.

A2) Kommunikation zur Konfliktlösung

Konflikte werden von den meisten Menschen mit Streit, Ärger, Problemen, Schwierigkeiten und Auseinandersetzungen assoziiert. Der Begriff ist also weit-gehend negativ konnotiert. Seltener werden Konflikte als Chance und Möglich-keit der Weiterentwicklung verstanden, um Schwierigkeiten untereinander zu erkennen und zu lösen. Konflikte gehören zum Arbeitsleben dazu und entste-hen zwangsläufig in der Zusammenarbeit mit anderen Menschen. (Arenberg, 2016)

Definition Konflikt:

Eine einheitliche Definition des Begriffes Konflikt ist in der aktuellen Fachlitera-tur nicht vorhanden. Viele der Definitionen gehen allerdings auf eine bekannte Konfliktdefinition des Konfliktforschers Friedlich Glasl zurück und lautet wie folgt:

Sozialer Konflikt ist eine Interaktion zwischen Aktoren (Individuen, Gruppen, Organisationen, usw.), wobei wenigstens ein Aktor Vereinbarkeiten im Denken / Vorstellen / Wahrnehmen und/o-der Wollen mit dem anderen Aktor in der Art erlebt, dass im Realisieren einer Beeinträchtigung durch einen anderen Aktor (die anderen Aktoren) erfolge." (Glasl 1999, S. 14–15 zit. n. Arenberg, 2016, S. 89)

Konflikte können innerhalb einer Gruppe entstehen und werden beispielsweise durch gruppendynamische Effekte ausgelöst. Einflüsse, welche von außen auf die Gruppe einwirken haben oftmals eine Verstärkung der vorhandenen Konflikte im Team zur Folge. Diese Außenwirkung kann Veränderungen innerhalb der Gruppe auslösen und dadurch zu Konflikten führen. Als Beispiele für Einflüsse können wechselnde Zuständigkeiten, weniger Zeit und Ressourcen, Umorganisationen oder technologische Erneuerungen sein. (Arenberg, 2016)

Im Folgenden wird der Begriff „Kommunikation" definiert und zwei Kommunikationsmodelle vorgestellt, welche dazu angewendet werden können, um Konflikte innerhalb eines Teams zu lösen.

Der Begriff Kommunikation stammt aus dem Lateinischen (communicare) und kann mit „verbinden" übersetzt werden. Kommunikation hat das Ziel, einen Informationsaustausch zu bewirken. (Matolycz, 2009) Dieser Austausch der Informationen kann sowohl verbal als auch nonverbal erfolgen. Durch die Vermittlung der Informationen stehen die Menschen in Verbindung zueinander. Dabei entsteht ein wechselseitiger Prozess. Eine Person spricht, während die andere Person zuhört und Informationen aufnimmt. Dies geschieht in der Regel in Wechselwirkung. Die Übermittlung der Nachrichten kann in zwei Formen geschehen; über die verbale oder die nonverbale Kommunikation. (Lahmer & Berger 2006). In der Wirtschaftspsychologie wird die Kommunikation als interpersonale bzw. als zwischenmenschliche Sprache verstanden und definiert. Dabei wird neben der Sprache auch eichen verwendet, um einen Austausch an Nachrichten zu ermöglichen. Daher ist es möglich, anhand der Kommunikation sowohl Sachinformationen zu äußern, als auch Wünsche, Gefühle und Bedürfnisse zum Ausdruck zu bringen. (ebd., 2006)

Komunikatiosnmodell: Gewaltfreie Kommunikation nach Marshall Rosenberg

Im Folgenden wird das Kommunikationsmodell „Gewaltfreie Kommunikation)
nach Marshall Rosenberg vorgestellt. Das Konzept der gewaltfreien Kommunikation, kurz GFK, wurde vom US. amerikanischen Psychologen Marshall B.
Rosenberg gegründet. Rosenberg wuchs in einem Problemviertel in der Innen-
stadt von Detroit. Bedingt durch die nicht funktionierende Kommunikation und
schwere Gewalt, welche dort vorherrschte, entwickelte er später das Konzept
der gewaltfreien Kommunikation. Sein Ziel war es, Gewalt zu reduzieren und
Fähigkeiten zu fördern, welche eine friedliche und funktionierende Kommunikation förderten. (Rosenberg, 2017)

Um das Kommunikationskonzept, welches er entwickelt hatte, zu veranschauli-
chen, wählte er Metaphern der Tierwelt aus. Die Sprache, welche durch Gewalt
und Unfrieden geprägt war, nannte er Wolfssprache. Die gewaltfreie und friedliche Sprache hingegen nannte er Giraffensprache. Der Wolf steht dabei für das
als oft aggressiv wahrgenommenes Rudeltier und die Giraffe als sanftes, gut-
mütiges Tier der Steppen in Afrika. (ebd., 2017) Menschen, welche gewaltfrei
mit der sogenannten Giraffensprache kommunizieren, gelingt es, ihre Wünsche
und Kritikpunkte so anzusprechen, dass der andere sich nicht beschuldigt oder
kritisiert fühlt. (Basu & Faust, 2015)

Im Gegensatz dazu führt die Wolfssprache dazu, dass Menschen sich beschuldigt, kritisiert und angegriffen fühlen und das Gefühl haben, sich verteidigen zu
müssen. Die Wolfssprache ist durch Aggressivität, Feindseligkeit und verbale
Gewalt geprägt. (ebd., 2015) Ziel der gewaltfreien Kommunikation ist es, eine
einfühlsame Verbindung zwischen den GesprächspartnerInnen herzustellen.
Mit der Giraffensprache gelingt es den Beteiligten die Eskalationsspirale zu
durchbrechen. Das unerfüllte Bedürfnis wird als Auslöser für ein Gefühl des
Gegenübers anerkannt und gewürdigt. Dies wiederum geht aus dem zuvor be-
obachteten Verhalten hervor. (Rosenberg, 2017)

In alltäglichen Situationen kommt es häufig vor, dass Menschen sich über Dinge ärgern. Beispielsweise über einen knapp verpassten Bus. Das Gefühl des
Ärgers ist dann zwar innerlich; die Schuld wird allerdings häufig bei externen
Ursachen, wie beispielsweise den BusfahrerInnen oder dem nicht funktionie-
renden Wecker gesucht. Der Ärger könnte dann folgendermaßen zum Ausdruck
gebracht werden: Ich ärgere mich gerade, weil mir der Bus vor der Nase weg-

gefahren ist. Hierdurch wird eine sprachliche Kausalität ausgesprochen, welche sachlich nicht nachweisbar ist. Die gewaltfreie Kommunikation ist darauf bedacht, in der Sprachverwendung in Kontakt mit den eigenen Bedürfnissen zu bleiben. Wenn Menschen sich allerdings gerade ärgern, fällt der Kontakt mit den eigenen Bedürfnissen oft schwer. Dies kann im vorherigen Beispiel sein, dass es der Person wichtig ist, pünktlich und zuverlässig zu Verabredungen zu erscheinen. Der Ärger ist vielleicht dadurch entstanden, dass ein Zusammentreffen durch das Zuspätkommen nicht mehr möglich erscheint.

Deswegen schlägt Rosenberg vor, die vermeintliche Kausalität sprachlich aufzuheben und stattdessen die Korrelation auszusprechen. Es wird also das Bedürfnis, welches hinter dem Ärger steht benannt. Dies würde auf das Beispiel bezogenen bedeuteten, dass nicht die Schuld des verpassten Busses sondern das Bedürfnis nach Pünktlichkeit im Vordergrund steht. (Basu & Faust, 2015) Weiterhin führt Rosenberg an, dass es bei der gewaltfreien Kommunikation primär nicht um eine Kommunikationstechnik geht, sondern um die innere Haltung einer Person. Es geht um die Art und Weise zu sprechen und zu denken. Das Modell leitet dazu an während einer Kommunikation sowohl mit uns selbst als auch mit den Bedürfnissen des Gegenübers in Kontakt zu treten. (Rosenberg, 2017)

Im Folgenden werden die vier Komponenten der Gewaltfreien Kommunikation nach Rosenberg erläutert.

Diese vier Komponenten sollen es uns einerseits ermöglichen, uns selbst und unsere Gefühle und Bedürfnisse auszudrucken; andererseits aber auch diese vier Informationen unseres Gegenübers einfühlsam aufzunehmen, um darauf eingehen zu können. (Rosenberg, 2017)

1. Beobachtung

Die erste Komponente der Gewaltfreien Kommunikation stellt das Beobachten dar. Dadurch soll uns ermöglicht werden, vor allem in Konfliktsituationen möglichst bewertungsfrei zu beobachten. Denn Kritik führt sehr häufig zu Gegenkritik und trägt nicht zur gewünschten Lösung bei. Durch die Abwehrhaltung des Gegenübers, welche Betroffene meist einnehmen, wenn sie sich angegriffen und kritisiert fühlen, holen sie direkt zum „Gegenangriff" aus. Beispielsweise ist der Satz: „Du bist großartig" eine reine Bewertung, da die Person, welche den Satz ausspricht, nichts über ihre eigenen Gefühle preisgibt oder etwas beschreibt, was sie beobachtet hat. Die Fähigkeit, welche für eine wertfreie Aussage benötigt wird, ist, die eigenen Empfindungen und Gefühle lenken zu können. (ebd., 2017)

2. Gefühl

Nach Rosenberg ist es wichtig, nicht nur das Beobachtete selbst zu beschreiben, sondern auch die eigenen Gefühle zum Ausdruck zu bringen, die wir während der Beobachtung dieser Handlung fühlen. Das Gefühl der Wut, welches häufig ausschlaggebend für Konflikte ist, empfinden wir dann, wenn wir das dahinterliegende Bedürfnis bereits erkannt haben.

Im Gegenteil dazu fühlen wir Trauer oder Verzweiflung, wenn wir das dahinterliegende Bedürfnis noch nicht klar erkennen können bzw. noch nicht dazu durchgedrungen sind. Wut ist im Gegensatz zu anderen Emotionen ein Gefühl, welches sich nach außen auf die GesprächspartnerInnen richtet und nicht nach innen. Nach Rosenberg hilft die GFK Konflikte zu lösen, da sie versucht die Bedürfnisse, welche hinter den Gefühlen stecken, herauszufinden. Gelingt das, können Bedürfnisse und Wünsche wertfrei und ohne die Person gegenüber anzugreifen, ausgesprochen werden. Dadurch wird auch das Gefühl der Wut aufgelöst und in den zugrundeliegenden Emotionen wie beispielsweise Angst, Verletzung oder Hilflosigkeit verwandelt. (Rosenberg, 2017)

3. Bedürfnis

In der dritten Komponente werden die Bedürfnisse, welche hinter dem Gefühl steckt ausgesprochen. Dies ist wichtig, um dem Gegenüber zu verdeutlichen, was genau an der Situation ärgerlich ist. Dadurch wird Verantwortung über die eigenen Gefühle übernommen. Beispielsweise ist der Satz: „Ich bin froh, dass du rechtzeitig gekommen bist" eine Aussage, welche über die eigenen Gefühle, in diesem Fall Erleichterung, Auskunft gibt; jedoch ist die Aussage noch nicht mit dem dahinterliegenden Bedürfnis verbunden. Das Bedürfnis, welches dahinter steht wäre in diese Beispiel Sicherheit. Dadurch fällt es dem Gegenüber leichter zu verstehen, warum der andere so fühlt. (ebd., 2017)

4. Bitte

Als letzte Komponente folgt eine spezifische Bitte an die Gesprächspartnerin oder den Gesprächspartner. Dadurch wird ihr oder ihm verdeutlicht, war sie oder er tun kann, um den Konflikt zu lösen und somit die eigene Lebensqualität zu steigern. Die Bitte muss demnach eine konkrete Handlung beinhalten. Eine Aussage wie beispielsweise: „ich möchte, dass du dich respektvoll verhältst" ist nicht optimal, da dieses Beispiel die Bewertung beinhaltet, dass die Gesprächsperson sich derzeit nicht respektvoll verhält. Diese bietet wiederum eine Angriffsfläche. Außerdem lässt das Beispiel offen, was genau unter respektvollen Verhalten verstanden wird. Konkreter könnte eine Bitte folgendermaßen aussehen: „Ich möchte, dass du den Menschen die Hand reichst, wenn du ihnen das erste Mal begegnest und ihnen dabei in die Augen siehst. (Rosenberg, 2017)

Die 5 Grundsätze der Kommunikation nach Paul Watzlawick Paul

Der Kommunikationswissenschaftler Paul Watzlawick hat ein Kommunikationsmodell entwickelt, dass auf fünf Grundsätzen besteht, welche im Folgenden erläutert werden.

1. Man kann nicht nicht kommunizieren

Das bedeutet, dass jeder Mensch sich ständig mitteilt. Dies kann sowohl verbal also mit Hilfe der Sprache als auch oder nonverbal ohne Worte erfolgen. Selbst, wenn jemand still am Tisch sitzt und nichts sagt, kommuniziert er dadurch. Beispielsweise könnte das Signal lauten, in Ruhe gelassen zu werden. Paul Watzlawick zufolge ist die Kommunikation und das Verhalten nicht trennbar voneinander zu betrachten. (Watzlawick, et. al., 2000)

2. Jede Kommunikation beinhaltet einen Inhalts- und einen Beziehungsaspekt

Bei der Inhaltlichen Ebene geht es um den sachlichen Informationsaustausch. Es geht darum, Fakten, Zahlen, Ideen und Gedanken zu übermitteln. Diese Informationen werden über die verbale Kommunikation ausgetauscht. Bei der Beziehungsebene geht es vielmehr darum, wie Menschen miteinander sprechen. Dabei spielt die Sympathie eine besondere Rolle. Diese wird in der Regel

ohne Worte – also nonverbal, übermittelt. Ausschlaggebend dafür ist der Tonfall, die Gestik und die Mimik. (ebd., 2000)

3. Zwischenmenschliche Beziehungen sind durch Interpunktion von Kommuni-
kationsabläufen geprägt.

Nach Watzlawick kommt es durch die Interpunktion zu einer Struktur in der
Kommunikation. Es entsteht eine Ursache und eine Wirkung innerhalb der
Kommunikation, welche als Interpunktion von Ereignisfolgen benannt werden.
Jeder Mensch nimmt Informationen unterschiedlich wahr. Deshalb kommt es in
der Kommunikation oft zu Missverständnissen, welche häufig Beziehungskon-
flikte mit sich bringt. (Watzlawick, et. al., 2000)

4. Kommunikation zwischen Menschen bedient sich digitaler und analoger Mo-
dalitäten.

Die Sprache wird als digitale Kommunikation bezeichnet, wobei Objekte mit
Namen versehen werden. Wird nun kommuniziert, werden die Objekte mit den
dazugehörigen Namen genannt. Dadurch entsteht eine Verknüpfung zwischen
dem Wort und dem Objekt. Es wird der Inhalt einer Botschaft ermittelt. In der
analogen Kommunikation hingegen wird Gestik, Mimik und Tonfall verwendet,
um Botschaften zu versenden. Die Nachrichten basieren dabei auf Botschaften
aus der Beziehungsebene. Dadurch ist es möglich, dass ein Satz aufgrund der
Anwendung von Mimik, Gestik und/oder Tonfall eine völlig andere Wirkung
beim Gegenüber auslöst. (ebd., 2000)

5. Kommunikation kann auf symmetrischen und komplementären Beziehungen
beruhen.

Bei der systemischen Kommunikation handelt es sich um eine Gleichheit der
Interaktion zwischen zwei GesprächspartnerInnen. Watzlawick meint damit,
dass zwei Personen, welche miteinander kommunizieren sich auf einer Ebene
befinden. Es geht dabei darum, Unterschiede zu vermeiden und möglichst viele
Gleichheiten zu erlangen. Bei der komplementären Kommunikation hingegen
hat eine Person mehr Aussagekraft als die andere. (Watzlawick, et. al., 2000)

Um als Führungskraft ein erfolgreiches Konfliktgespräch führen zu können, ist
einiges zu beachten. Es ist hilfreich im Vorfeld einen Zeitplan zu erstellen. Die

Führungskräfte sollten überlegen, wann das Gespräch stattfinden soll und betroffenen Personen über den gewählten Termin informieren. Um den Mitarbeiterinnen die Möglichkeit zu geben, sich auf das Gespräch vorzubereiten, sollte eine kurze Schilderung des Gesprächsgrundes gegeben werden. Der Gesprächsplan sollte schriftlich festgehalten werden. Das ermöglicht es den Führungskräften, das Gesprächsziel nicht aus den Augen zu verlieren und das Abdriften in andere Themengebiete zu vermeiden. Auch der Zeitpunkt des Konfliktgespräches sollte so gewählt werden, dass für alle Beteiligten kein Zeitdruck entsteht. Es ist wichtig, auf die Sichtweisen und Gefühle der Betroffenen einzugehen und ernst zu nehmen. Da eine verständliche Kommunikation das Ziel ist, sollte auf eine einfache und klare Ausdrucksweise geachtet und das Verwenden von fachspezifischer Sprache vermieden werden. Des Weiteren sollte auch auf die Körperapache Acht gegeben werden, denn durch sie werden entscheidende Signale gesetzt. Die verbale und nonverbale Kommunikation und Ausdrucksweise sollte in Einklang sein. Ein weiterer wichtiger Punkt ist das aktive Zuhören, welches von gegenseitigem Respekt gekennzeichnet ist. Nur so ist es möglich, alle wichtigen Informationen aufzunehmen. Im Anschluss an das Gespräch sollten realistische Ziele schriftlich festgehalten werden. Dabei solle aufeinander eingegangen und Kompromisse geschlossen werden. (Haeske, 2014)

A3 Qualitätsmanagementsystem

Der Begriff Qualität kommt aus dem lateinischen und wird von „qualis" und „qualitas" abgeleitet. Das Wort qualis bedeutet „wie beschaffen" und befasst sich mit der Art und Weise der Beschaffenheit oder mit dem Wert eines Objektes. Des Weiteren befasst sich qualis mit dem Verhältnis von Objekten zueinander oder innerhalb der Prozess. Es bringt damit zum Ausdruck, dass Qualität an einem Vergleichsstab gemessen wird. (Bruhn, 2013)

In jedem Unternehmen und in jeder Branche ist das Qualitätsmanagement mittlerweile fester Bestandteil der Arbeit geworden. In den letzten Jahrzehnten hat sich der Weltmarkt vom Anbieter- zum Nachfragemarkt entwickelt. Hinzu kommt die weiter zunehmende Globalisierung, Internationalisierung und die steigende Produktvielfalt. Dies führt zu einem immer stärkeren Wettbewerb unter den Unternehmen. Deshalb gewinnt die Qualität in den einzelnen Unternehmen an immer größerer Bedeutung. Des Weiteren werden die Wünsche und Anforderungen der KundInnen an die Produkte und Dienstlesungen immer höher. Für die Unternehmen ist es günstiger, Fehler vorzubeugen, als diese beheben zu lassen. Deshalb ist es weniger eine Frage, ob das Qualitätsmanagement in ein Unternehmen eingeführt wird, sondern wie es möglichst effizient und erfolgreich umgesetzt werden kann. (Kaminske & Brauer, 2003)

Ein Workshop zum Thema Qualitätsmanagement sollte gut vorbereitet werden. In der Vorbereitungsphase werden taktische Überlegungen und Analysen herangezogenen. Außerdem wird das Ziel, das mit dem Workshop erreicht werden soll, klar herausgearbeitet. (Beermann & Schubach, 2009)

Moderation:

Der Begriff „Moderation" kommt aus dem lateinischen Wort „moderare" und kann mit „mäßig", „steuern" oder „lenken" übersetzt werden. Die Aufgabe einer Moderatorin oder eines Moderator besteht darin, das Gespräch zu lenken und wenn nötig einzugreifen, um den Gesprächsverlauf in einen gewünschte Richtung zu dirigieren. (Luckau, 2018)

Moderationen folgen immer einem festen Ablauf, welcher auf folgenden Ebenen beruht.

− „Die inhaltliche Ebene („Thema")

− Die Ebene der Arbeitsmethodik

− Die soziale, zwischenmenschliche Ebene der Gruppenatmosphäre und Gruppendynamik („ Klima")

− Sowie die Rahmenbedingungen (z.B. die Situationen des Unternehmens, des Bereiches, aber auch die äußere Arbeitssituation, Raum, Ruhe, Klima, die Sitzordnung; Besorgung von Arbeitsmaterial, Stellwänden, technischen Geräten etc.; Vermeidung von äußeren Störungen)" (Luckau, 2018 S. 101)

Diese festgelegten Ebenen unterscheiden eine Moderation von einer beliebigen Gesprächsführung. Es unterstützt die ModeratorInnen dabei, die TeilnehmerInnen in das von ihnen gewünschte Ergebnis zu führen. (ebd., 2018)

Vorbereitungsphase

Damit der Workshop möglichst gut auf die Wünsche und Bedürfnisse der TeilnehmerInnen angepasst werden kann, wird zu Beginn der Vorbereitungsphase
eine Analyse der ZuhörerInnen durchgeführt. Besonders die Aufgeschlossen-
heit der TeilnehmerInnen gegenüber bestimmten Themengebieten sollten be-
achtet werden. Ein unpassender Satz, welcher beispielsweise die Gefühlsebe-
ne der TeilnehmerInnen anspricht, kann einen guten Workshop zum Scheitern
bringen. Auf der anderen Seite können Vorlieben und Abneigungen der ZuhörerInnen auf positive Weise genutzt werden und ein gut platzierter Satz, welcher
die TeilnehmerInnen im positiven Sinne anspricht das Beste aus einem trocke-
nen oder unangenehmen Thema herausholen. (Beermann & Schubach, 2009)

Während der Moderation ist zu beachten, dass der Inhalt von der eigentlichen
Methode getrennt wird. Häufig kommt es dazu, dass ModeratorInnen beide As-
pekte miteinander verwenden. Daraus entsteht nicht selten ein Durcheinander,
welches im schlimmsten Falle den Zerfall der Gruppe zur Folge hat. Deshalb ist
es ratsam, zuerst die verwendete Methodik in den Blick zu nehmen. Denn ohne
diese kann eine Gruppe nicht arbeiten. (Luckau, 2018)

Ein(e) gute(r) ModeratorIn zu sein bedeutet nicht, die Gruppe zu maßregeln.
Oftmals ist zu beobachten, dass ModeratorInnen sich in die Rolle des Grup-
penwissens drängen lassen. Dies wird dadurch begünstigt, dass ModeratorInnen nicht motivierend genug auftreten und TeilnehmerInnen nicht ausreichend
mitarbeiten. Deshalb sollten Teilverantwortungen übernommen werden. Ziel
dabei ist es den TeilnehmerInnen klar zu machen, dass entweder alle gemeinsam Erfolg haben oder alle gemeinsam scheitern. Vertrauen in die Selbststeue-
rung der TeilnehmerInnen zu haben ist daher besonders wichtig. Durch sorg-
sam dosiertes und konfrontiertes Feedback kann an die Teilnehmerinnen appel-
liert werden. Es ist allerdings nicht die Aufgabe der ModeratorInnen Kaffee zu
holen, das Protokoll zu führen oder mitzudiskutieren. Hingegen liegen die Aufgaben darin, die Arbeit zu sichten und dementsprechend zu handeln. Dies bedeutet, dass sie die Aufgaben mit den anderen TeilnehmerInnen der Gruppe
abstimmen und je nach Kompetenzen und Fachgebiet aufteilen. ModeratorInnen selbst sollten dabei auch einen Teilbereich der Aufgaben übernehmen.
ModeratorInnen sind somit Teil des Teams und PartnerIn. Durch gleichberech-
tigtes und partnerschaftliches Verhalten und Handeln kann Vertrauen zu den

Gruppenmitgliedern aufgebaut werden. ModeratorInnen helfen, bringen Vorschläge mit in die Gruppe ein – lassen sich allerdings von TeilnehmerInnen korrigieren. Sie sind also Teil der Gruppe und agieren als VermittlerInnen. (ebd., 2018)

Quellenangabe:

Basu, A. & Faust, L. (2015). *Gewaltfreie Kommunikation.* (3. Aufl.). Haufe-Lexware GmbH & Co. KG: Freiburg

Becker, F. (2016). *Teamarbeit, Teampsychologie, Teamentwicklung. So führen Sie Teams.* (1. Aufl.). Springer Verlag: Heidelberg

Beermann, S. & Schubach, M. (2009). *Workshops – Vorbereiten, durchführen, nacharbeiten.* (1. Aufl.). Haufe Verlag: München

Bruhn, M. (2013). *Qualitätsmanagement für Dienstleistungen – Handbuch für ein erfolgreiches Qualitätsmanagement.* (9. Aufl.). Springer Verlag: Berlin

Haeske, U. (2014). Team- und Konfliktmanagement. (4. Aufl.). Cornelsen Scriptor Verlag: Berlin.

Harramach, N., Köttritsch, M. & Velickovic, N. (2019). *Ein neuer Blick auf Teamentwicklung.* Springer Verlag: Wiesbaden

Herrman, D., Hunke, K. & Rohberg, A. (2007). *Führung auf Distanz.* Springer Verlag: Schweiz

Kaminske, F.G. & Brauer, J.P. (2003). Quartiersmanagement *von A bis Z. Wichtige Begriffe des Qualitätsmanagements und ihre Bedeutung.* (4. Aufl.) Carl Hanser Verlag GmbH & CO.KG: München

Köppel P. (2007). *Kulturelle Diversität in virtuellen Teams.* In: Wagner D., Voigt BF. (hrg.) *Diversity-Management als Leitbild von Personalpolitik.* Springer Verlag: Schweiz

Lahmer, K. & Berger, E. (2006). *Kernbereiche, Persönlichkeitsbildung und soziale Kompetenzen.* (1. Aufl.). Dorner Verlag: Wien.

Matolycz, E. (2009). *Kommunikation in der Pflege.* Springer Verlag: Wien

Prof. D. Arenberg, P. (2016). Studienbrief. SRH Fernhochschule. Teamentwicklung. Titel Nr. 0533 – 05.

Prof. Dr. Luckau, P. (2018). Studienbrief. SRH Fernhochschule. Kommunikation: Theorien, Modelle & Techniken. Titel Nr. 1365 – 01. (1. Aufl.).

Rosenberg, M. (2017). *Gewaltfreie Kommunikation – eine Sprache des Lebens; das Grundwerks des international bekannten Konfliktmediators.* (Neuausgabe 2017). Steinbach Sprechende Bücher: Frankfurt

Watzlawick, P., Bavelas, J. B. & Jackson, D. D. (2000). *Menschliche Kommunikation. Formen, Störungen, Paradoxien.* (10.Aufl.). Huber Verlag: Bern

BEI GRIN MACHT SICH IHR
WISSEN BEZAHLT

- Wir veröffentlichen Ihre Hausarbeit,
  Bachelor- und Masterarbeit

- Ihr eigenes eBook und Buch -
  weltweit in allen wichtigen Shops

- Verdienen Sie an jedem Verkauf

Jetzt bei www.GRIN.com hochladen
und kostenlos publizieren